Es gab einmal eine Zeit, da war nichts so, wie es ist.

Nichts war gut, und nichts war schlecht.
Es gab nichts Großes und nichts Kleines,
das Wasser war nicht nass, und das Feuer war nicht heiß.
Nicht einmal Luft gab es in der Luft.

Alles war nichts in dieser Zeit,
**und das Nichts war der Anfang dieser Welt.**

Rolf Fänger (Text)
Ulrike Möltgen (Illustration)

**Bibliografische Information der Deutschen Nationalbibliothek**
Die Deutsche Nationalbibliothek verzeichnet diese Publikation in der Deutschen Nationalbibliografie;
detaillierte bibliografische Daten sind im Internet über http://dnb.d-nb.de abrufbar.

© Sauerländer 2011 Bibliographisches Institut GmbH, Dudenstraße 6, 68167 Mannheim
Alle Rechte vorbehalten.
Druck: Stürtz GmbH, Alfred-Nobel-Str. 33, 97080 Würzburg
Umschlaggestaltung: Gesine Beran
ISBN 978-3-7941-5254-4
www.sauerlaender.de

# Vom ANFANG der Welt

**Rolf Fänger**
**Ulrike Möltgen**

**Sauerländer**

Das Nichts und Gott, das reichte schon,

um daraus Himmel und Erde werden zu lassen.

Der Himmel oben und die Erde unten, das wäre schön gewesen.

Aber so war es nicht.

Ein riesengroßes **DURCHEINANDER** war das.

Alles waberte wild durcheinander,

und dunkel war es auch.

So **DUNKEL**, wie in einem Zimmer ohne Licht,
wenn man die Augen schließt
und dann noch unter die Bettdecke kriecht.
Aber es war nicht gruselig,
weil Gott ja da war, der genau wusste, wie alles werden sollte.

**Es werde Licht!**, sagte er.
Die Dunkelheit verschwand und es wurde hell auf der Erde.
**Das gefiel Gott.**

Er nannte das Helle den **TAG,** und die Dunkelheit nannte er **NACHT.**
Irgendwann, als es lange genug Tag gewesen war, wurde Gott müde.
Da ließ er den Tag zu Ende gehen, und es wurde zum ersten Mal Abend in der neuen Welt.
Das war der erste Tag, und Gott ruhte sich aus bis zum Morgen des neuen Tages.

**Nun gab es die ERDE, den HIMMEL und das LICHT.**
Aber da war nichts, das sie voneinander trennte.
Überall war alles und es gab kein Oben und Unten.
Gott wusste, was man da machen konnte.

**Ein Gewölbe entstehe mitten im Wasser**, sagte er,
und mit dem Gewölbe meinte er den Himmel,
der von nun an das Wasser unten auf der Erde
von dem Wasser oben in der Luft trennte.

Der Himmel war blau,
und als es zum zweiten Mal Abend wurde,
gab es die allererste Regenwolke am Himmel.
Eine winzig kleine war das nur, aber Gott gefiel sie
und er machte gleich noch ein paar mehr davon.

Dann ruhte er und war genauso zufrieden
wie am ersten Tag.

**Das Wasser unter dem Himmel sammle sich an einem Ort, damit das Trockene sichtbar werde, sprach Gott am Morgen des dritten Tages.**

Da strömte das Wasser zurück.
Wie die Wellen am Strand lief es in die tiefen Becken.
Es hinterließ Rinnsale, die später einmal
die Namen von großen Flüssen tragen sollten,
und Pfützen mit blauem Wasser für die Segelschiffe gab es auch.

Das große Wasser nannte Gott **MEER** und die trockene Erde **LAND**.

Was er sah, gefiel ihm, und weil der Tag noch nicht zu Ende war,
machte er gleich noch die grünen Pflanzen für das Land dazu.
Mit Blüten und Samen, aus denen immer wieder neue grüne Pflanzen wachsen konnten.
Auch Bäume und Sträucher mit Blüten und Früchten waren dabei.
Süße gab es und auch bittere, blaue Veilchen und rote Rosen, und eins war so wichtig wie das andere
für Gott, der wusste, wie alles werden sollte.

Jetzt gab es schon eine Menge mehr als nichts auf dieser Welt.
Aber nachts war es immer noch so dunkel
wie unter der Bettdecke, wenn das Licht aus ist,
und das Licht am Morgen des vierten Tages
war auch nicht anders, als es am Morgen des dritten Tages
gewesen war.

Es soll Zeichen geben zur Bestimmung von Tagen und Jahren,
sprach Gott, Lichter am Himmel sollen Tag und Nacht scheiden.
Kaum hatte er das gesagt, da stieg im Osten,
da, wo der Himmel das Meer berührt, eine große gelbe Kugel
aus dem Wasser, die höher und höher bis zu den Wolken stieg.

**SONNE** nannte Gott dieses große Licht,
das mit seinen Strahlen die Erde wärmte.

Das kleine für die Nacht hieß **MOND**,
und natürlich hatte Gott auch die Sterne nicht vergessen.
Die leuchteten mit dem Mond um die Wette, als es Abend wurde.

Auch das gefiel Gott und er ruhte bis zum Morgen des nächsten Tages.

Schön sah sie aus, die neue Welt am Morgen des nächsten Tages. Berge konnte man sehen und Täler.
Dazwischen Flüsse, die in blaue Seen flossen oder ins große Meer.
Die Sonnenstrahlen wärmten den Tag, so wie in der Nacht Mond und Sterne dafür gesorgt hatten,
dass sich keiner fürchten musste.
Aber wer hätte sich denn auch fürchten sollen? Da gab es ja noch nichts Lebendiges auf der Erde – oder?

Gott hatte schon gewusst, was geschehen würde.
**Das Wasser wimmle von lebendigen Wesen,** sprach er, **und über dem Land
sollen Vögel am Himmel dahinfliegen.**

Winzig kleine Fische gab es zuerst. Dann kamen größere und noch größere,
bis ein riesiger Walfisch seine Wasserfontäne in den Himmel pustete.
Oben in der Luft flatterten Vögel mit bunten Federn.
Andere hatten die Farben der Büsche, damit sie sich gut darin verstecken konnten.
Gott ließ sie Nester bauen, damit sie sich vermehren konnten,
und die Vogelkinder flogen weit in die Welt hinaus.
Auch die Fische schwammen vom Meer in die Flüsse und waren bald überall,
wo sich das Wasser gesammelt hatte.

Gott sah, dass es gut so war, und das Lied,
das die Vögel am Abend für ihn sangen, gefiel ihm sehr.

Am Morgen des sechsten Tages schaute Gott alles noch einmal an.
Er sah alles, auch die Dinge, die es noch nicht gab, und sprach:
**Auch das Land bringe alle Arten von lebendigen Wesen hervor, von Vieh,
von Kriechtieren und von Tieren des Feldes.**
Überall zwischen den Steinen und Sträuchern begann es nun zu krabbeln und zu kriechen,
zu hüpfen und zu rennen. Große, kleine, wilde und zahme, schöne und hässliche Tiere
wimmelten über die Erde.
Es gab Eidechsen, so groß wie Riesen, und winzige Käfer, die stärker waren als zehn Elefanten.
Keins war so wie das andere, und jedes konnte etwas ganz Besonderes.

Gott hatte große Freude an dem, was er sah, und der stolze Löwe, der in der Sonne schlief,
gefiel ihm genauso gut wie der Wurm, der auf den Regen wartete. Allen, den Großen, den Kleinen,
den Schönen und den Hässlichen, hatte Gott eine Aufgabe gegeben,
und wehe auch nur ein Einziges hätte gefehlt im großen Konzert, das die Menschen
später Natur nannten, dann hätten sich wohl alle mächtig gewundert.
Aber es gab ein Wesen, das immer noch fehlte in Gottes Plan.

Ein Wesen sollte es geben, das keinem anderen glich.
Wie Gott selber sollte es sein.

Es sollte bestimmen über die Fische im Wasser
und über die Vögel in der Luft, und auch die anderen Lebewesen sollten ihm gehorchen.
Einen Garten hatte Gott für dieses Wesen gepflanzt, den er den Garten Eden nannte und der das Paradies war.
Dort sollten alle in Frieden zusammenleben und von den süßesten Früchten essen, die es gab.
Das Wesen hieß **MENSCH**.

Gott schuf ihn am Abend des sechsten Tages und ruhte eine Nacht lang.

Und ruhte auch am Tag danach, weil alles getan war, was getan werden musste.

Alles, was es nun gab auf der Erde, gefiel Gott.

Es gefiel ihm so gut, dass er den siebten Tag heiligte.

Es sollte für immer ein Tag der Freude werden über diese Welt, die jung war und schön und wild und stark.

Alles war gut, so wie es war, und Gott sah nichts, was besser anders gewesen wäre.

Auch der Mensch gefiel Gott.
Adam hieß er und er sollte nicht allein bleiben,
dort in dem großen Garten, der Eden hieß.
Alle Lebewesen führte Gott zu ihm,
damit er sich einen passenden Gefährten aussuchen sollte.

Jedem gab der Mensch einen **NAMEN,**

nannte das Nashorn Nashorn und die Fliege Fliege.

Pferd sagte er zum Pferd, und das Pferd, das im großen Fluss schwamm, nannte er Nilpferd.

Der Mensch hatte keine Angst vor den Tieren, egal ob sie klein und friedlich waren oder wild und groß.

Aber es war keins dabei, das so war wie er.

Auch das sah Gott, und er schuf noch einen anderen Menschen.

Eine Frau war das, mit langen Haaren und einem schönen Gesicht. Die gefiel Adam.

Er verliebte sich in sie und es wäre eine richtige Liebesgeschichte geworden, wenn Gott es so gewollt hätte.

Wollte er aber nicht.

Viel zu einfach wäre das gewesen für die beiden ersten Menschen am Anfang dieser Welt.

Gott hatte sie nach seinem Bilde gemacht, und so wie er sollten sie wissen, dass es auch das Nichts gibt, da, wo alles ist, und dass neben dem Guten auch das Böse wächst.
Von allen Bäumen des Gartens darfst du essen, sprach Gott zu Adam, aber es gibt einen Baum, von dem du nicht essen sollst. Das ist der Baum der Erkenntnis von Gut und Böse.
An dem Tag, da du von ihm isst, musst du sicher sterben.

Gott wusste, dass es ein Tier gab im Paradies,
das listiger und gemeiner war als alle anderen Tiere. Schlange hieß dieses Tier.
Es kroch zu Eva und überredete sie, doch von dem verbotenen Baum zu essen.

**Wie Gott werdet ihr sein, wenn ihr davon esst,** zischelte sie.

Und Eva, die hörte nicht auf das, was Gott gesagt hatte.

Genau wie Adam glaubte sie der Schlange, und beide aßen von den verbotenen Früchten.

Sie hatten kaum den ersten Bissen heruntergeschluckt, **DA GESCHAH ES:**

Nicht wie Gott wurden die Menschen,
ängstlich wurden sie und sie schämten sich.
Schämten sich, als sie sahen, dass sie nackt waren,
und schämten sich vor Gott,
weil sie gegen seinen Willen gehandelt hatten.

Die wilden Tiere um sie herum schienen ihnen plötzlich nicht mehr friedlich, sie machten ihnen **ANGST**.
Das Paradies wurde ihnen fremd und sie wollten sich verstecken.
Doch Gott wusste, was sie getan hatten, weil er selbst es so gewollt hatte.
Er hatte Adam und Eva die Freiheit gegeben, sich zu entscheiden.
Zwischen **GUT** und **BÖSE** hatten sie wählen können –
und sie hatten sich für das Böse entschieden.

Deshalb musste Gott sie aus dem Paradies vertreiben,
damit sie nicht auch noch vom Baum des ewigen Lebens aßen.
Er stellte sogar einen Engel mit einem Schwert
vor das Paradies, um es zu bewachen.

Seit dieser Zeit wissen die Menschen,
dass alles, was es gibt, von Gott kommt,
dass da nichts ist ohne ihn.

## Sie wissen auch, dass sie sich entscheiden müssen. Für das Gute in dieser Welt.

Und dann, wer weiß, können sie vielleicht sogar zurück ins Paradies
und wieder eins werden
mit dieser Welt und mit sich selber.